Liebe Margot,

zu Deinem 50. Geburtstag wünsche ich Dir viel Gesundheit und Zufriedenheit. Laß' es Dir einfach rundrum gut gehen.

Alles Gute
wünscht Dir

Brigitte

Frankfurt-Bergen Enkheim 17.09.2003

Vom Loslassen und Neubeginn

Mit Texten und Fotos von

Hans Kruppa

arsEdition

Der Sinn

Wenn es einen Sinn
in unserem Leben gibt,
dann kann er doch
nur darin bestehen,
uns aus dem Dunkel
ins Licht zu bewegen,
aus der Schwere
in die Leichtigkeit,
aus der Sehnsucht
in die Erfüllung.

Jeder neue Tag

Jeder neue Tag
ist eine neue Chance,
sich selbst zu begegnen,
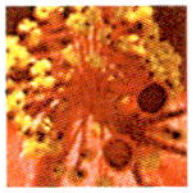
bei sich zu bleiben
und mit sich zu gehen.

Jeder neue Tag
ist eine neue Chance,
sich zu finden,
in sich fündig zu werden,
aus sich heraus zu geben.

Nur so

Blicke nicht sehnsuchtsvoll
in die Vergangenheit zurück,
wenn die Gegenwart dich bedrückt.
Die Vergangenheit ist tot,
und nichts kann sie wiederbeleben.

Stelle dich der Gegenwart
und blicke in die Zukunft –
nur so ist Leben möglich.

Kraft und Hilfe

Gib dich nicht auf,
es ist nie zu spät
für einen Neubeginn.
Es ist noch Zeit,
den Lebenskurs zu ändern.

Die Kraft kommt,
wenn sie gebraucht wird,
und oft auch die Hilfe,
wenn die Kraft nicht ausreicht.

Zuversicht

Laß die Hoffnung
siegen über die Angst.
Laß das Vertrauen
siegen über die Ungewißheit.
Und deine Liebe wird
siegen über deine Zweifel.

Gehe frei

Löse das Rätsel,
das du bist.

Löse dich
von deinen Vorstellungen
über dich.

Gehe frei
in dein wahres Ich.

Du weisst nicht

Du weißt nicht,
was du hattest,
bis du es verlierst.

Und du weißt nicht,
was du brauchtest,
bis du es findest.

Unentschlossenheit

Laß dich nicht lähmen
von der Unentschlossenheit.
Erschließe dir einen Weg
und gehe ihn unbeirrt.

Wer zu lange zögert,
versäumt das Entscheidende
und erreicht den
gedeckten Tisch erst,
wenn er abgeräumt ist.

Nur in der Bewegung

Das Leben ist ein
ständiger Weg ins Unbekannte.
Wer zu lange
an einem Punkt verharrt,
läuft Gefahr zu erstarren.

Nur in der Bewegung,
so unangenehm oder schmerzhaft
sie manchmal auch ist,
bleibt das Leben lebendig.

Die Qual der Wahl

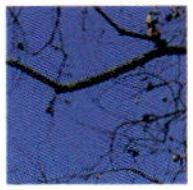

Es ist bedauernswert,
wenn man kostbare Zeit verliert,
weil man sich nicht für einen
von zwei möglichen Wegen
entscheiden kann –

aber noch bedauernswerter
könnte es sein,
wenn man keinen
von beiden wählt.

NEBENWIRKUNGEN

Wer sich zufrieden gibt
mit dem Unbefriedigenden,
der wird schließlich auch
das Unerträgliche ertragen

und das dringend Nötige
weder tun noch sagen.

Zweifle nicht

Wenn dir manches
nicht so gelingt,
wie du es dir wünschst,
zweifle nicht an dir,

sondern erkenne die
Ursachen deiner Mißerfolge
und ändere,
was zu ändern ist.
Dann wird der Erfolg
nicht umhin können,
sich mit der Zeit einzustellen.

Neubeginn

Wer sich von anderen
nicht verstanden fühlt,
sollte nicht darüber klagen,
sondern damit beginnen,
sich selber besser zu verstehen –
und er wird besser verstanden!

AKTENNOTIZ

Wer es sich
in den Schubladen
häuslich einrichtet,
in die er gesteckt wurde,
hat sich selbst schon
zu den Akten gelegt.

Lebendig bleiben heißt,
immer für eine
Überraschung gut zu sein,
anderen gegenüber
wie sich selbst.

5 IB 1617
5 IB 1617

Zeitvergeudung

Daß es
so vielen Menschen schwerfällt,
von einem stehengebliebenen Zug
abzuspringen!
Sie hoffen endlos,
daß der Zug sich wieder
in Bewegung setzen wird,
anstatt sich selbst
in Bewegung zu setzen –
sie verhoffen ihre Zeit.

Dieser Augenblick

Dieser Augenblick,
nicht der vergangene
oder der kommende,
der jetzige Augenblick

ist die einzige Tür
ins wahre Leben.

Öffne sie augenblicklich –
oder du öffnest sie nie.

Wachposten

Deine Erfahrungen,
deine Ängste und Vorurteile,
deine Gedanken und Gewohnheiten
stehen Wache
vor der Tür zu deiner Seele.

Schiebe sie beiseite,
sie halten dich fern
von dir selbst.
Du bist jemand,
den du noch nicht
wirklich kennst.

Enttäuschung

Enttäuschung ist
nur dort möglich,
wo Täuschung bestanden hat.
Deshalb ist Enttäuschung immer,
so schmerzlich sie auch sein mag,
ein Schritt der Wahrheit entgegen,
eine wertvolle Befreiung
von Irrtum und Illusion.

Verwirklichung

Es kommt darauf an,
sein Leben
zum Leben zu erwecken,
denn es ist nicht
eine automatische
Folge der Geburt.

Leben ist etwas,
das erst erreicht, erkannt,
verwirklicht werden muß.

Wenn wir bereit sind

Manches können wir
nur dann verstehen,
wenn wir bereit sind,
uns zu verändern.

Wer sich an seinem
Bild von sich selbst
ängstlich festklammert,
wird nie über
oberflächliche Einsicht
hinauswachsen.

Innere Wunder

Viele unserer Ängste
sind nichts als
Riegel vor den Türen
zu den Gemächern
des Märchenpalastes
unserer Seele.
Doch kein Riegel
kann auf die Dauer
unserem Verlangen widerstehen,
unsere inneren Wunder
zu entdecken.

Einen Schlusstrich ziehen

Es ist menschlich,
aber völlig sinnlos,
sich gegenseitig die Schuld
an enttäuschenden
Entwicklungen zuzuweisen,
die nicht mehr zu ändern sind.

Der einzig richtige Weg ist,
einen Schlußstrich unter
die Vergangenheit zu ziehen
und zu versuchen,
das Bestmögliche
für die Zukunft zu erreichen.

Sei mutig

Sei mutig
und sei ehrlich,
vor allem zu dir selbst.
Laufe nicht zu sehr
der Sicherheit hinterher,
suche lieber
den Sinn deines Seins –

sonst vergehen deine Tage,
deine Monate und Jahre unerfüllt,

und du wirst sterben,
ohne wirklich gelebt zu haben.

Träume

Träume öffnen Räume
in die Freiheit
langersehnter Gefühle.
Sie lenken unsere Schritte
auf den Weg zu
immer höheren Spielarten
der Freude am Leben.
Sie sind der
Glückskompaß des Herzens
bei der Wanderschaft
durch das Chaos der Welt.

Eine Frage des Preises

Wir halten gern
an dem Gewohnten fest,
denn es gibt uns
ein Gefühl von Sicherheit.
Manchmal kostet es uns viel,
einfach loszulassen
und einen Neubeginn zu wagen.

Doch nichts käme uns
teurer zu stehen,
als in unserer Entwicklung
stehenzubleiben.

1. Auflage 2003

Gestaltung: Eva Schindler, Ebersberg
Redaktion: Friederike Spieth

ISBN 3-7607-2159-1
Printed by Tien Wah Press
www.arsedition.de

Mehr Informationen über den Autor im Internet unter
www.hans-kruppa.de